...ELLE MÉTHODE

ÉLÉMENTAIRE

DE

PLAIN-CHANT

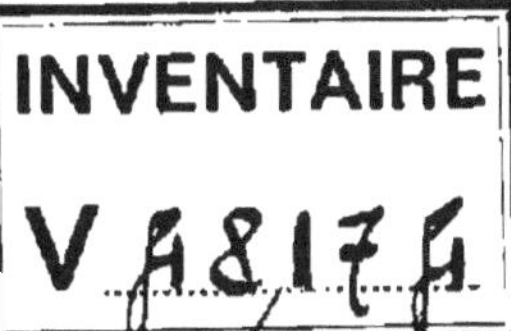

Psallite Domino, psallite sapienter.

Ps. XLVI. 7. 8.

DIJON

IMPRIMERIE J. PEUTET-POMMEY

rue des Godrans, 41.

—

1867

NOUVELLE MÉTHODE

ÉLÉMENTAIRE

DE

PLAIN-CHANT

Psallite Domino, psallite sapienter.

Ps. xlvi, 7, 8.

DIJON

IMPRIMERIE J. PEUTET-POMMEY

rue des Godrans, 41.

1867

AVIS

—

Beaucoup de règles parues jusqu'ici ne peuvent convenablement s'appliquer au plain-chant ; sous beaucoup de rapports elles se trouvent en contradiction avec elles-mêmes ; elles sont souvent insuffisantes, ne déterminant pas des points sans lesquels l'ensemble, cette loi suprême du chœur, ne saurait être obtenu.

Nous ne prétendons pas combler ces lacunes en écrivant cette méthode ; notre but est simplement de recueillir ce qui nous a semblé bon dans les différentes études que nous avons faites sur la matière présente.

Persuadé que tous les plains-chants du monde ont les mêmes principes fondamentaux et que les points qui les divisent sont des détails, nous ne nous sommes attaché à aucun en particulier.

Ce petit *résumé* aura trois parties. Nous étudierons d'abord le plain-chant dans ses *notions préliminaires*, puis dans sa composition ou dans son *mode*, et enfin dans son exécution, en donnant les *principes* qui doivent le régir :

1° *Notions préliminaires ;*

2° Modalité ou *tonalité du plain-chant ;*

3° *Règles* pour l'exécution *du plain-chant.*

NOUVELLE MÉTHODE

ÉLÉMENTAIRE

DE PLAIN-CHANT

PREMIÈRE PARTIE.

Notions préliminaires.

1. Le *plain-chant* est le chant de l'Eglise; comme son nom l'indique (*planus cantus*), il est caractérisé par une combinaison grave et solennelle des sons qui expriment les paroles sacrées de la liturgie.

2. « Notre oreille ne distingue pas seulement entre plusieurs sons quel est le plus grave et le plus aigu. Toutes les fois qu'elle en entend deux, soit successifs, soit simultanés, elle ressent une impression agréable ou désagréable; de là résulte une série de sons caractérisés par des rapports qui ont leur origine dans la nature même de notre organisation (1). » — Rejetant les sons qui font

(1) Ganot, *Physique purement expérimentale*, S 163. Voir, comme développement de cette idée : *Traité de Plain-Chant*, par Lesieur, n° 3; *Cours complet de Plain-Chant*, par A. de La Fage, S 8, 9, 10 et 11, quoique l'auteur élude un peu la difficulté; M. Vincent, *Traité complet de l'Origine des Accords*, S 1, se base aussi sur ce principe; etc.

une impression désagréable à l'oreille, on a constitué avec les autres ce qu'on appelle l'*Echelle musicale*. L'*Echelle musicale* est donc la *série consécutive* des sons qui plaisent à l'oreille (1).

Dans cette série, les sons se reproduisent dans le même ordre par périodes de sept.

Chacun de ces sons a reçu un nom particulier, à savoir, en montant l'échelle : *ut* (2), *ré, mi, fa, sol, la, si;* et en la descendant : *si, la, sol, fa, mi, ré, ut.*

3. Pour représenter ces sons, on se sert de signes appelés *notes;* il y en a de quatre espèces :

La double carrée. . . .

La caudée. . . . . . .

La losange . . . . . .

La carrée. . . . . . .

4. Pour placer les différentes notes, on a superposé quatre lignes horizontales que l'on compte de bas en haut, et dont l'ensemble forme ce qu'on appelle la *portée.*

L'espace qui sépare chaque ligne s'appelle *interligne,* et les notes se placent sur les lignes et dans les interlignes.

---

(1) Quelques physiciens rejettent cette théorie, et veulent que l'Echelle musicale soit arbitraire. Quoi qu'il en soit, nous sommes en présence de sons dont l'acuité proportionnelle est la même dans les deux opinions.

(2) On dit indistinctement *ut* ou *do.*

5. Quand les quatre lignes de la portée ne sont pas suffisantes pour recevoir les notes graves ou aiguës, on y ajoute de petites lignes, soit en haut, soit en bas, que l'on appelle *lignes supplémentaires.*

6. Chaque note n'occupe pas sur la portée une place fixe; sa position est déterminée par un signe qu'on nomme la *clef.* — La *clef* est donc une figure qui détermine la position des différentes notes.

Il y a deux sortes de clefs : la clef d'*ut* et la clef de *fa.*

La clef d'*ut* peut se poser sur les quatre lignes :

mais on ne la trouvera d'ordinaire que sur la troisième et la quatrième.

La clef de *fa,* qui ne diffère de la précédente que par une note caudée placée à sa droite et sur la ligne qu'elle embrasse ⟨⟩, se pose presque toujours sur la troisième ligne (1).

7. La clef donne son nom à la note qui se trouve sur la ligne qu'elle embrasse.

ut   ut   ut   ut   fa

(1) On peut pourtant la placer sur toutes les autres lignes. (Voir M. Chaussier, *le Plain-Chant enseigné d'après la méthode du méloplaste,* § 5.)

La place d'une note étant ainsi déterminée, il est facile de trouver celles des autres. — Nous avons dit (nº 4) que les notes se placent sur les lignes et dans les interlignes : ajoutons qu'elles s'y placent dans l'ordre naturel des sons : *ut, ré, mi, fa,* etc., en montant; *ut, si, la, sol,* etc., en descendant.

Ceci compris, veut-on savoir la place de la note *sol,* par exemple : on compte, à partir de la ligne enfourchée par la clef, chaque interligne et chaque ligne, ainsi :

si pour le 1er interligne au-dessous de l'*ut* primitif, *la* pour la ligne suivante, et *sol* pour l'interligne qui vient après. De même pour la clef de *fa :* cherche-t-on la note *la,* par exemple, on compte, à partir de la note *fa,*

chaque ligne et chaque interligne : *sol* pour le 1er interligne au-dessus du *fa* primitif, *la* pour la ligne suivante. Ainsi des autres.

On a imaginé plusieurs espèces de clefs pour éviter de multiplier les lignes supplémentaires; car, comme la position des notes est dépendante d'*ut* ou de *fa,* si l'on vient à baisser ou à élever celles-ci dans la portée, toutes les autres notes subiront un changement analogue.

L'échelle musicale ainsi représentée et placée, étudions-la dans son côté intérieur, et examinons-en les propriétés.

8. L'ensemble de sept degrés ou notes de l'échelle musicale forme ce qu'on appelle la *gamme;* on y ajoute ordinairement un huitième degré qui est la reproduction plus aiguë du premier.

ut, ré, mi, fa, sol, la, si, ut,
ré, mi, fa, sol, la, si, ut, ré, etc.

Selon que l'on monte ou que l'on descend l'échelle, la gamme est ascendante ou descendante : *ut, ré, mi, fa, sol, la, si, ut* (ascendante); *ut, si, la, sol, fa, mi, ré, ut* (descendante).

9. Tous les degrés consécutifs de l'échelle musicale ne sont pas également distants : la distance qui les sépare éprouve deux variations, et porte deux noms différents, selon qu'elle est plus grande ou plus petite. Plus grande, elle s'appelle *ton ;* plus petite, elle s'appelle *demi-ton*.

Tous les tons sont égaux, ainsi que les demi-tons.

Dans la gamme, ils sont disposés ainsi :

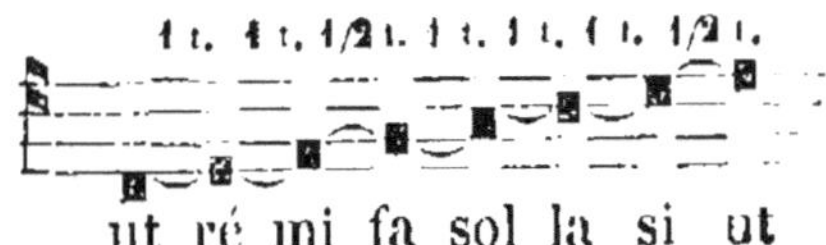

Il y a donc cinq tons et deux demi-tons.

10. En plain-chant, quelle que soit la note par laquelle on ait commencé de monter *l'échelle musicale*, les tons et les demi-tons ne varient pas de place, c'est-à-dire sont toujours entre *mi-fa* et *si-ut*, à moins que survienne un des accidents dont nous allons parler plus bas (n° 13) : c'est ce qui fait dire que les gammes y sont *essentielle-ment naturelles*. En musique profane ceci n'existe pas. La gamme d'*ut* étant la seule qui satisfasse complétement l'oreille, on a laissé dans toutes les autres gammes les demi-tons à une place proportionnelle à celle qu'ils occupent dans la première, et ainsi elles ne sont que des gammes d'*ut* commençant à un échelon plus élevé ou plus bas.

11. Chacune des sept notes pouvant servir de point de départ pour monter ou descendre l'échelle musicale, il en résulte qu'il y a sept gammes essentiellement diffé-rentes, vu l'inamovibilité des demi-tons sur l'échelle.

La première note donne son nom à la gamme : ainsi la gamme d'*ut* est celle qui commence par *ut*, la gamme de *ré* celle qui commence par *ré*, et ainsi des autres.

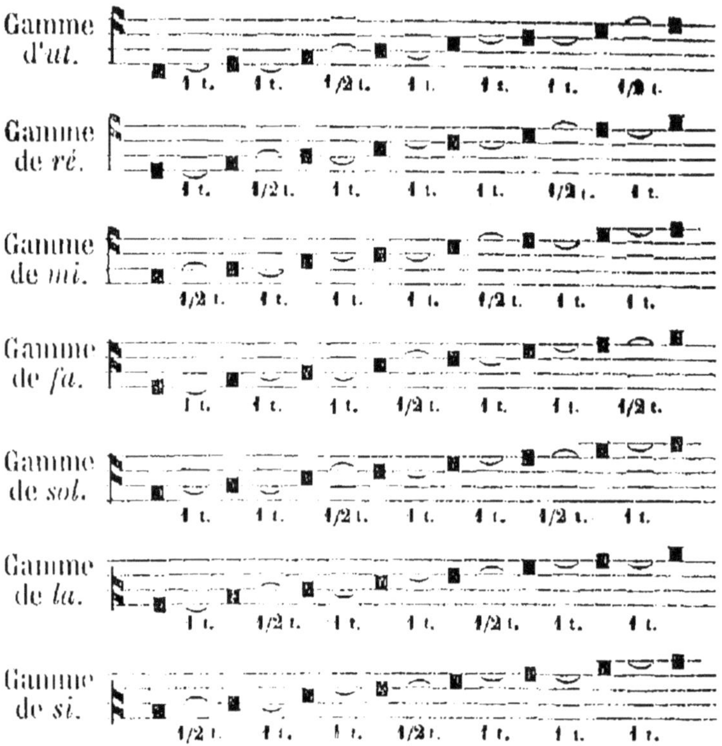

12. On appelle *intervalle* la distance qui existe entre deux notes quelconques.

Il y a dans la gamme sept intervalles : la *seconde*, la *tierce*, la *quarte*, la *quinte*, la *sixte*, la *septième* et l'*octave*, selon que l'intervalle est compris entre une 1ʳᵉ et une 2ᵉ, 3ᵉ, 4ᵉ, 5ᵉ, 6ᵉ, 7ᵉ et 8ᵉ notes consécutives.

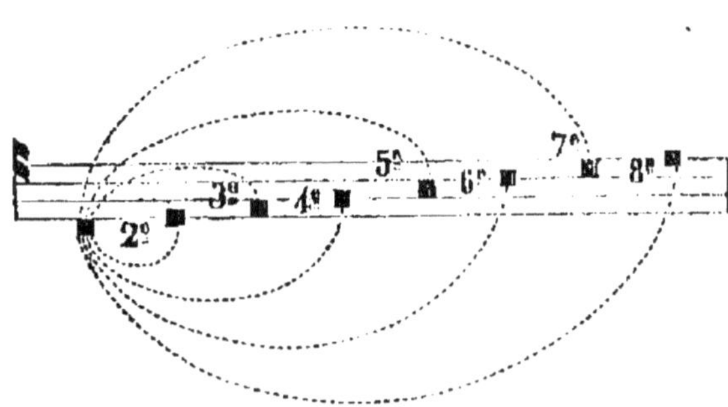

Chaque intervalle peut être *majeur* ou *mineur;* le majeur renferme un demi-ton de plus que le mineur.

Exemple : *do-mi* et *ré-fa* sont deux tierces; *do-mi* renferme deux tons, *ré-fa* n'en comprend qu'un et demi; *do-mi* est une tierce *majeure*, *ré-fa* est une tierce *mineure*. De même, *fa-si* est une quarte *majeure* (trois tons), *do-fa* et une quarte *mineure* (deux tons et demi). Ainsi des autres.

On donne aussi le nom de *seconde, tierce, quarte,* etc., à la note qui termine ces intervalles. Exemple : *sol* est la *quinte* de l'*ut* inférieur, *fa* la *quarte,* etc.

13. On peut diviser chacun des cinq tons de la gamme en deux demi-tons égaux. Ce partage n'influe en rien sur la gamme naturelle : il ne fait que donner au chanteur le moyen de hausser ou de baisser d'un demi-ton la note que l'oreille trouverait mieux ainsi déplacée que dans son état normal. Ce changement est souvent d'un très-grand besoin pour l'oreille et de toute nécessité pour l'harmonie et la transposition (n° 26).

Ces altérations de la distance naturelle des notes sont marquées par l'*accident* (1). L'*accident* est donc un signe qui indique que la note devant laquelle il est placé doit être altérée d'un demi-ton.

Il y a trois accidents : le *bémol* ♭ qui baisse la note d'un demi-ton; le *dièse* ♯, qui l'élève de la même quantité; et le *bécarre* ♮, qui rend à la note sa valeur primitive lorsqu'elle a été baissée par le bémol ou élevée par le dièse.

14. Le *bémol* peut être *continuel* ou *accidentel.*

Il est *continuel* lorsqu'il est placé à la clef, au commencement d'un morceau; alors son influence s'étend sur

(1) Comme détails curieux des efforts qu'on était obligé de faire avant l'invention de ces signes pour arriver aux résultats qu'ils procurent, voyez Hucbald, *de Harmonica Institutione*; p. 113; et Jumilhac, *la Science du Plain-Chant,* p. 432.

toute la pièce ; toutes les notes de la ligne ou de l'interligne sur lequel il se trouve sont abaissées d'un demi-
ton, quand même elles appartiendraient à une octave
plus grave ou plus aiguë. En plain-chant le *si* ♭ se trouve
seul dans cette condition. Exemple :

Il est *accidentel* lorsque, n'étant pas placé à la clef, il
ne se rencontre que çà et là dans le cours du morceau :
alors il affecte la note devant laquelle il se trouve, ainsi
que les notes semblables à elle, jusqu'à occurrence de
la barre. Exemple :

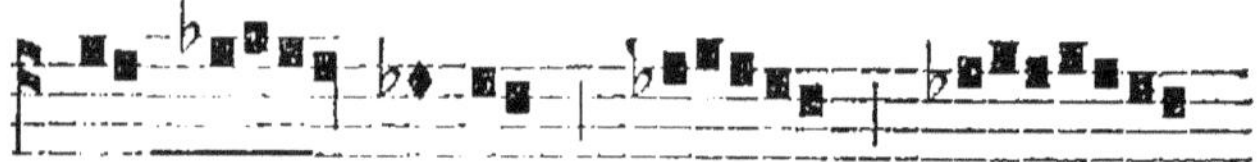

15. Le *dièse*, en plain-chant, n'est jamais qu'*accidentel*.
Exemple :

16. Le *bécarre* est peut-être improprement appelé
accident, comme on peut le voir d'après la définition : car
il n'*altère* pas la note devant laquelle il est placé, son seul
but étant de lui rendre sa valeur *altérée* déjà auparavant ;
on le nomme pourtant ainsi, et nous n'avons fait en cela
que suivre la marche de toutes les méthodes.

17. Il y a beaucoup de passages où l'oreille exige l'emploi du ♮ et du ♯, sans qu'aucun d'eux ne soit indiqué
dans l'édition. Nous tâcherons plus tard (n° 43) de suppléer à cette lacune.

Il y a encore quelques signes employés dans le plain-
chant : achevons cette première partie en les indiquant.

18. De même que le sens établit des divisions dans le
discours, de même aussi la pensée musicale qui traduit
les paroles sacrées demande des repos qui séparent les

membres de phrase et en fassent ressortir le sens et les beautés. La ponctuation du plain-chant est indiquée par les *barres* et le *point*.

Il y a deux sortes de barres, la *simple* et la *double* (1). La *simple* sépare les membres de phrases ; la *double* se place à la fin d'une mélodie, à un changement de chœur ou après une intonation. Exemple :

Le *point* marque un repos que plus tard (n° 39) nous étudierons.

Le point, dans le chant mesuré, a une autre signification (n° 44) : il augmente la durée de la note après laquelle il est placé de la moitié de sa valeur.

19. On trouvera aussi à l'extrémité de chaque portée, ou avant chaque changement de clef dans le même morceau (2), une demi-note caudée. Ce signe est la reproduction de la première note de la portée suivante ; ou bien, lorsqu'arrive un changement de clef dans le courant d'un morceau, ce signe indique la place qu'occuperait la note qui suit si la clef restait la même. Exemple :

Il sert à *guider* le chanteur, qui est ainsi averti de la note qui doit suivre : c'est pourquoi on l'appelle *guidon*.

Tous les signes du plain-chant ainsi connus, entrons dans son étude.

___

(1) On pourrait encore distinguer la *grande* barre : nous la confondrons avec la simple.

(2) Ce dernier cas n'a pas d'exemples dans le chant de **Paris**.

DEUXIÈME PARTIE.

Tonalité du Plain-Chant.

20. Nous avons vu (n° 11) que, pour former une gamme, il fallait prendre sept degrés consécutifs de l'échelle musicale, quel que soit celui qui sert de point de départ.

Si l'on part successivement de chacun des divers degrés pour monter jusqu'à sa reproduction plus aiguë, qui sera son octave, on obtiendra des gammes qui se répéteront par périodes de 7, la 8ᵉ étant la reproduction plus aiguë de la 1ʳᵉ, la 9ᵉ celle de la 2ᵉ, etc.

1° ut, ré, mi, fa, sol, la, si, ut;
2° ré, mi, fa, sol, la, si, ut, ré;
3° mi, fa, sol, la, si, ut, ré, mi, etc.;
8° ut, ré, mi, fa, sol, la, si, ut, reproduction de la 1ʳᵉ, etc.

En se renfermant dans les bornes de chacune de ces gammes, très-différentes entre elles à cause de l'inamovibilité des demi-tons (n°ˢ 10 et 11), on a formé des mélodies très-différentes aussi les unes des autres, puisqu'elles sont calquées sur ces gammes. — Chacune d'elles exprimera forcément un caractère spécial (1), que les anciens avaient déjà reconnu, car ils leur avaient donné des noms relatifs à la pensée qui en ressort : « grave, triste, mys-

---

(1) Voyez, au sujet de ce caractère, Léonard Poisson, *Traité du Chant Grégorien*, p. 152 et *passim*.

tique, etc. » Chacune d'elles aura donc un type distinctif, aura sa manière d'être, disons le mot, aura son *mode* (modus).

Le *mode* ou le *ton* (car on peut *à la rigueur* regarder ces mots comme synonymes) est le type, le caractère spécial d'une mélodie renfermée dans une gamme naturelle qui lui sert de bornes.

Le mode n'est pas seulement déterminé par son étendue; il l'est encore par une *finale* et une *dominante* (1).

21. La *finale* est la note qui termine la mélodie du ton ou mode considéré. Ainsi, *fa* étant la finale d'un ton, toutes les mélodies qui appartiendront à ce ton devront finir par *fa*.

22. La *dominante* n'est pas, comme son nom semblerait l'indiquer, la note la plus élevée du morceau : elle est celle qui semble régir toute la mélodie, sur laquelle le chant semble rouler ; c'est la plus saillante et la plus usitée de la pièce de chant ; dans un psaume, c'est la *teneur*, ou la note sur laquelle se chante presque tout le verset.

dominante.

Teneur du psaume.

dominante.

Déterminons maintenant l'étendue, la finale et la dominante des modes.

23. Les sept gammes dont nous avons parlé plus haut (n° 20) ont constitué sept tons différents ; ils étaient ca-

---

(1) Le mot *dominante* est impropre: ce serait *teneur* qu'il faudrait dire ; néanmoins, pour ne pas trop nous écarter de la coutume, nous le maintenons.

ractérisés par une *finale* qui était celle de leur gamme, et par une *dominante* qui était *ordinairement* la quinte de celle-ci. *Ordinairement ;* car il y avait exception pour la note *si*, que les anciens avaient rejetée à cause du *triton* (1) qu'elle termine, et qui offre quelque chose de désagréable à l'oreille : pour éviter cette dissonance, ils avaient changé de place la dominante qui devait tomber sur *si*, et l'avaient transportée à *ut*. Ces sept modes étaient :

1	2	3	4	5	6	7
ré 2)	mi	fa	sol	la	si	ut
ut	ré	mi	fa	sol	la	si
si	UT	ré	mi	fa	sol	la
LA	si	UT	RÉ	MI	FA	SOL
sol	la	si	ut	ré	mi	fa
fa	sol	la	si	ut	ré	mi
mi	fa	sol	la	si	ut	ré
RÉ	MI	FA	SOL	LA	SI	UT

Comme on peut le voir, l'étendue de chacun de ces modes est au-dessus de la finale.

24. On en a fait dans la suite sept autres, dont l'étendue se portait à la fois au-dessus et au-dessous de leur finale, et l'on a eu quatorze tons.

Pour cela, on a donné à chaque mode primitif un ton secondaire qui possède la même finale, mais en diffère par l'étendue et par la dominante.

(1) Le triton est la seule quarte majeure de la gamme ; elle comprend trois tons, et se trouve entre *fa* et *si*.

(2) On pourrait se demander pourquoi le premier ton commence par *ré*. Nous nous contenterons de donner pour toute réponse que *primitivement* les anciens avaient pour toute échelle musicale les quatre notes *ré, mi, fa, sol ;* plus tard ils en ajoutèrent d'autres ; mais *ré* restait toujours la note fondamentale. Il était donc naturel que le premier ton commençât par *ré* plutôt que par une autre note.

Leur étendue se compose d'*une quinte au-dessus de la finale* et d'*une quarte au-dessous*.

Leur dominante est *la tierce inférieure de la dominante du ton primitif correspondant*, excepté pour la note *si*, qu'on remplace, comme nous l'avons dit plus haut, par la note *ut*. Ils sont ainsi composés :

1	2	3	4	5	6	7	8	9	10	11	12	13	14
												ut	
										si		si	
								la		la		la	
						sol		sol		sol		SOL	sol
				fa		fa		fa		FA	fa	fa	fa
		mi		mi		mi		MI	mi	mi	mi	mi	MI
ré		ré		ré		RÉ	ré	ré	ré	ré	RÉ	ré	ré
ut		UT		UT	ut	ut	UT	ut	UT	ut	ut	UT	UT
si		si	si	si	si	si	si	si	si	SI	SI		si
LA	la	la	LA	la	LA	la	la	LA	LA		la		la
sol	sol	sol	sol	sol	sol	SOL	SOL		sol		sol		sol
fa	FA	fa	fa	FA	FA		fa		fa		fa		
mi	mi	MI	MI		mi		mi		mi				
RÉ	RÉ		ré		ré		ré						
	ut		ut		ut								
	si		si										
	la												

25. Les sept tons primitifs sont appelés *authentiques* (αὐθέντης, magister), parce qu'ils servent à former les autres ; *supérieurs*, parce qu'ils ont leur étendue au-dessus de leur finale ; ou encore *impairs*, parce qu'ils sont indiqués par des chiffres impairs, 1, 3, 5, etc.

Les sept autres sont appelés *plagaux* (plagii, disciples), car ils sont pour ainsi dire les adjoints, les acolytes des tons authentiques ; *inférieurs*, car leur étendue est en partie en dessous de leur finale ; ou encore *pairs*, car ils sont indiqués par des chiffres pairs, 2, 4, 6, etc.

Il y a donc sept manières de composer le chant, sept modes, qui sont ceux de *ré, mi, fa, sol, la, si, ut*, et quatorze tons ; car la gamme, le mode du ton plagal est le même que celui du ton authentique qui précède. Ces deux mots : *mode* et *ton,* ne sont donc pas tout à fait synonymes (n° 20 *in fine*).

Ces quatorze tons anciens (1) ont été réduits à huit. — Pour comprendre comment ce changement a pu se faire sans perte et sans altération, il faut avoir une idée juste de la *transposition*. Expliquons ce mot.

26. Les gammes diffèrent entre elles (n°⁵ 10 et 11) par l'inamovibilité des demi-tons dans l'échelle musicale, ou autrement dit, en ce que dans les différentes gammes, les demi-tons ne sont pas à égale distance de la *première note* de la gamme qu'on appelle *tonique.* Si l'on arrive donc à former deux gammes dont les demi-tons soient à égale distance des toniques, ces deux gammes seront tout à fait semblables. Prenons un exemple.

Voici deux gammes, celle d'*ut* et celle de *fa.*

(1) Ces quatorze tons sont improprement appelés *anciens,* car ils sont d'une invention toute moderne. On les a imaginés pour donner un raisonnement complet, et nous avons suivi pour cette raison la marche de toutes les méthodes. — Les plus anciens auteurs ne nous parlent que de quatre ou de huit tons : les Grecs n'en avaient que huit, et même seulement quatre peut-être. (Voir le travail de **M.** Vincent sur la *Musique des Grecs.*) — Alcuin (8ᵉ siècle) nous enseigne qu'il y a huit modes : *Octo tonos in musica consistere musicus scire debet* (cité par le R. P. Lambillotte, *Esthétique théorique et pratique du chant grégorien,* p. 92). — Aurélien (8ᵉ et 9ᵉ siècles) n'en admettait que quatre; et, voyant que ce nombre était insuffisant, il dit : *Unde pius Augustus..... quatuor augere jussit* (apud Gerbert, t. I, p. 41).—Gui d'Arezzo (11ᵉ siècle) n'en voit que quatre d'abord *Lettre de Guido à Théobald, son évêque,* ch. 7), et finit par en ajouter quatre autres (*même lettre,* ch. 12).

Ces témoignages et d'autres que nous pourrions citer, Hucbald de Saint-Amand, etc... prouvent la vérité de notre assertion.

qui diffèrent en ce que dans la première le premier demi-ton est situé entre la *tierce* et la *quarte*, et dans la deuxième entre la *quarte* et la *quinte*. En mettant un bémol devant le *si* de la seconde gamme, les deux demi-tons de chaque gamme seront à égale distance de chacune des toniques, le premier demi-ton étant placé entre la *tierce* et la *quarte*, et le deuxième entre la *septième* et l'*octave*.

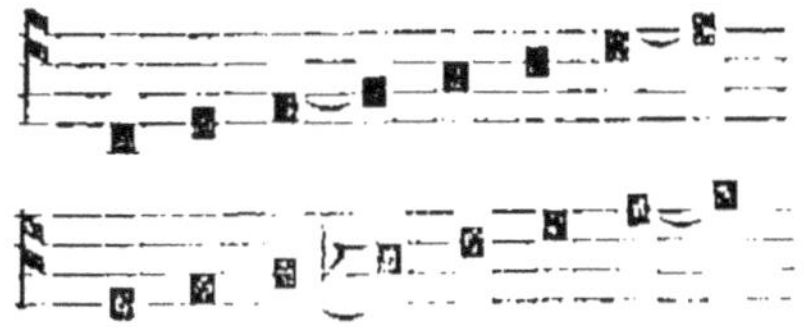

Les deux gammes sont semblables, et peuvent être substituées l'une à l'autre; de sorte que, si l'on comprend dans un même son la première note de chacune d'elles, on confondra complétement ces deux gammes en parcourant leurs sept degrés.

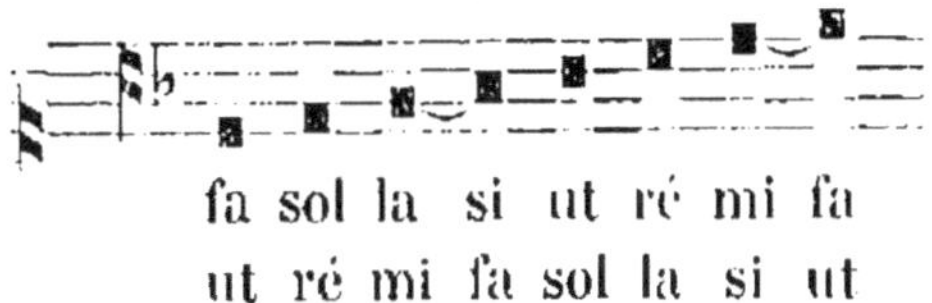

Dans ce petit travail, nous avons changé une gamme de place sur l'échelle musicale, et, au moyen d'un signe accidentel, nous ne lui avons fait subir aucune altération; disons le mot, nous avons *transposé*.

27. La *transposition* d'une gamme est donc la transcription de cette gamme sur une échelle différente de son échelle primitive, en se servant d'un signe accidentel pour maintenir les demi-tons aux mêmes degrés de la gamme avant et après la transposition.

28. Au moyen de la transposition, on a pu aisément réunir les six derniers tons aux six premiers.

. Le premier et le neuvième tons (voir leurs échelles n° 24) diffèrent par la place qu'occupe le deuxième demi-ton dans chacun d'eux. Dans le premier ton, il est entre la *sixte* et la *septième ;* et dans le neuvième ton, entre la *quinte* et la *sixte.* En bémolisant le *si* de la première gamme, la différence disparaît, et les deux gammes peuvent se substituer.

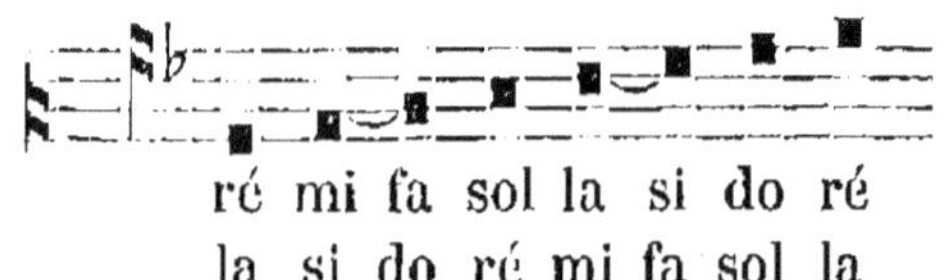

Même raisonnement pour les autres tons.

29. Remarquons que les six tons transposés ont, comme tels, les mêmes dominantes et les mêmes finales que les tons avec lesquels ils sont maintenant confondus.

30. Les huit premiers tons sont appelés *réguliers,* parce qu'ils sont construits selon des gammes essentiellement naturelles. Les six tons transposés sont appelés *irréguliers,* parce qu'ils ne jouissent pas, comme tels, de cette prérogative, vu le bémol qui détruit l'ordre naturel des demi-tons.

31. On désigne les tons par le n° qui leur correspond : premier, deuxième, troisième... ton, et *par une lettre qui indique la finale.* Expliquons ce dernier membre de phrase. Autrefois les notes étaient figurées par les sept premières lettres de l'alphabet, ci :

A B C D E F G
la si ut ré mi fa sol (1)

On se sert maintenant encore de ces lettres pour désigner la finale d'un ton : ainsi, un ton dont la finale sera *la,*

(1) Ces noms ont été donnés par Gui d'Arezzo (11e siècle). — Voyez sa *Lettre au moine Michel : de Ignoto Cantu,* citée par le R. P. Lambillotte, *Esthétique théorique et pratique du Chant grégorien,* p. 163. — Voyez aussi, pour la notation des Grecs : *Antiquæ music. auctor. septem. Meybomii interprete* (Amsterd. Elzevir. 1652), pag. 3, 23 et 44.

aura pour désignation son chiffre, suivi de la lettre A
(1er en A, par exemple); celui qui finira par *si* sera marqué par la lettre B (2e en B), etc., etc. — Excepté le
1er en J; on ignore le motif de l'emploi de cette lettre, car
le *ré* qui le termine est traduit par D.

32. Si la mélodie descend jusqu'à la tonique et s'y termine, elle est *complète*, et s'y désigne par une majuscule (1); sinon, elle est *incomplète*, et se désigne par une
minuscule. Si plusieurs mélodies du même ton finissent
par la même note, on fait varier quelques détails de la
lettre qui les désigne : D droit, *D* couché, *a* nu, *à* accen-
tué, etc. — Ces distinctions ne s'appliquent qu'au chant
des psaumes.

33. Ceci posé,
le   9e *ton* a formé le 1er *ton irrégulier en A*, vu sa finale primitive *la*
le 10e *ton*   id.   2e *ton irrégulier en A*,   id.   id.   *la*
le 11e *ton* est inusité.
le 12e *ton* a formé le 4e *ton irrégulier en A*,   id.   id.   *la*
le 13e *ton*   id.   5e *ton irrégulier en C*,   id.   id.   *ut*
le 14e *ton*   id.   6e *ton irrégulier en C*,   id.   id.   *ut*

Outre ces tons irréguliers, il y a encore un 2e ton irrégulier en *b* indiqué clairement dans le *Manuel des Céré-
monies de Paris*, p. 228; un 2e en G, un 4e en B Ces deux
tons, ainsi que le 4e en A, sont peu usités.

34. On reconnaît les tons irréguliers aux lettres finales,
qui diffèrent de celles des réguliers correspondants. Le premier, le cinquième et le sixième irréguliers ont, en outre,
le *si* ♭ à la clef comme signe distinctif.

Les tons irréguliers conservent quelquefois la notation
qu'ils avaient avant la transposition (2) ; mais la plupart

____

(1) La lettre est aussi majuscule quand la finale est au-dessous de
la tonique. Ce cas, dans le chant de Paris, ne se rencontre qu'au quatrième en D couché.

(2) *Grad. Rom.*, éd. Leclère (*Lambillotte*), p. 18, 65, 109, etc.
Vespér. de Paris, p. 68, 494, etc.

du temps ils ont celle du ton auquel ils appartiennent après la transposition.

35. Il y a des mélodies qui n'ont pas, comme justes limites, la gamme qui les régit : on leur donne différents noms dont la connaissance est peu importante, mais que nous devons indiquer ici pour éviter toute lacune.

1° On appelle *ton parfait* celui qui atteint et ne dépasse pas les bornes de la gamme qui l'a formé.

2° On appelle *ton imparfait* celui qui n'atteint pas ces bornes.

3° On appelle *ton surabondant* celui qui les dépasse d'une ou de deux notes, soit graves, soit aiguës.

4° On appelle *ton mixte* celui dont l'étendue embrasserait les limites de deux tons différents (Prose de Pâques).

36. En finissant cette deuxième partie, nous croyons utile de donner une règle mécanique pour connaître les finales et les dominantes des huit tons.

La gamme de *ré* se compose des huit notes : *ré, mi, fa, sol, la, si, ut, ré.* Les quatre premières notes sont les finales des quatre tons authentiques, et les quatre dernières sont les dominantes de ces mêmes tons. Ceci connu, il est très-facile d'arriver à la détermination des notes correspondantes des tons plagaux (n°ˢ 23 et 24).

Nous venons d'étudier le plain-chant dans sa composition : voyons maintenant les règles qui président à son exécution.

TROISIÈME PARTIE.

Règles du Plain-Chant.

Ici commence la vraie difficulté.

Pour donner des règles précises et sûres dans leur application, il faudrait que les livres de chant fussent retouchés scrupuleusement, car ils renferment beaucoup d'inexactitudes qui présentent dans la pratique des exceptions où la lettre de la règle devient impossible à appliquer. Nous devons donc nous attacher à l'ensemble, et poser des règles générales, sans pourvoir à ces cas exceptionnels ; nous laissons aux maîtres de chant le soin d'examiner si, par suite de la mauvaise composition de la mélodie ou de la vicieuse construction de la phrase musicale, il convient d'éluder la règle. Un coup de crayon que, dans l'occasion, chacun donnera en classe de chant, préviendra tout embarras. Le crayon se trouvera aussi fort à propos pour corriger les fautes d'impression qui pourraient être des causes de trouble dans le chœur.

Le plain-chant comprend des morceaux si variés, que les mêmes règles ne sauraient s'appliquer à tous. Il faut donc les ranger d'abord en plusieurs classes.

Les uns sont partagés en petites portions ou *versets* qui se chantent sur un simple *recto tono*, modifié périodiquement par une courte série de notes (psaumes, cantiques, etc.) : ces morceaux composent la *psalmodie*. D'autres ne sont guère que des lectures faites au chœur (leçons, oraisons, lectures solennelles, etc.) : nous les comprendrons sous le nom de *lectures chantées*. Il en est dont les paroles forment des vers et des strophes plus ou moins assujetties aux règles de la versification latine : ce sont les *hymnes* et les *proses*. Nous réunirons sous le nom de *morceaux ordinaires* tous ceux qui ne se rattachent à aucune des catégories précédentes. Ainsi toutes les pièces du plain-chant seront pour nous rangées en quatre classes :

Morceaux ordinaires,
Hymnes et proses,
Lectures chantées,
Psalmodie.

1re CLASSE.

Morceaux ordinaires.

Nous diviserons cette étude en deux parties : la *mesure* et les *intervalles*.

37. **MESURE.** — Le moyen d'obtenir l'ensemble dans la *durée* des sons, c'est d'aller en *mesure*. « On entend en général par *mesure* la régularité de mouvement qui doit exister dans l'exécution d'une pièce de chant (1). » — Il y a différentes sortes de mesure ; nous en parlerons plus bas (n° 44). Pour les morceaux ordinaires, qui nous occupent seuls ici, on partage la durée d'un morceau en portions *tout à fait égales* que l'on nomme *temps :* c'est ce que l'on exprime en disant qu'en plain-chant la mesure est à *un* temps.

____

(1) Voyez *Méthode élémentaire de Plain-Chant*, par un ecclésiastique du diocèse de Paris, page 12.

38. La durée des sons est indiquée par la *forme* des notes qui les représentent. La signification des diverses formes des notes, ou, comme on l'a dit, la *valeur* des notes, est déterminée par les règles suivantes (1) :

La double carrée. . . ▪▪ vaut 2 temps.

La carrée. . . . . . ▪ vaut 1 temps.

La caudée . . . . . ▮ vaut 1 temps 1/2.

La losange . . . . . ◆ vaut 1/2 temps.

La *caudée* est toujours suivie de la *losange;* si l'on rencontrait une caudée qui ne fût pas dans cette condition, elle ne vaudrait qu'un temps.

Quelquefois (voir par exemple *Credo* de Dumont, premier ton) une *brève seule* est précédée d'une *simple carrée;* on doit considérer ce cas comme une faute d'impression, et donner à la carrée la valeur de la caudée, c'est-à-dire 1 temps 1/2 (2).

Ces règles s'appliquent aux trois autres classes de morceaux, sauf quelques modifications que nous indiquerons en leur lieu.

39. Les divisions que le sens établit dans toute expression de la pensée obligent à faire des repos dans le langage et dans la lecture. Il en est de même dans le plain-chant; les mélodies liturgiques se composent de *membres* ou *phrases* analogues aux divisions du discours, et séparées comme elles par des repos.

C'est des repos faits à propos et avec ensemble que

(1) Voyez, pour certaines particularités propres au chant Lambillotte, *Graduale romanum ad formam gregorianam redactum,* p. xiv *et seq.*

(2) Ce cas ne se présente que pour les éditions où la valeur des notes est déterminée par le tableau donné plus haut.

dépend en grande partie la beauté du chant. « Rien n'est beau comme les silences bien faits dans un plain-chant bien grave, bien solennel et bien dirigé par la mesure (1). » Tout cela a été parfaitement compris des anciens, qui insistent beaucoup là-dessus dans leurs écrits (2). C'est aussi ce qui est expressément marqué dans les règles des ordres religieux obligés au chœur : « *Pulchritudo officii consistit in pausis, et deturpatio ejus in confusione quæ causatur per remotionem pausæ* (3). »

Voici les signes des repos, et les règles qui déterminent le sens et la valeur de ces signes :

La *double barre* marque un repos de *deux* temps. Avant ce repos, la voix appuie sur la pénultième note, qui, ou seule, ou avec la brève suivante, doit toujours durer deux temps.

La *simple barre* marque un repos d'*un* temps (4).

On fait un repos d'*un* temps entre deux notes *semblables lorsqu'elles appartiennent toutes deux à la même syllabe.*

Exemple : *Grad. de Paris*, p. xij, *Kyrie* des doubles majeurs.

Autrefois, le point indiquait un repos d'un temps. Dans les nouvelles éditions on le néglige ; par une anomalie bizarre, on l'a conservé dans le chant de Paris, tout en y

(1) Magnat, *Méthode de Plain-Chant*, page 69.

(2) Voyez, pour toute cette matière : l'Abbé Lebeuf, *Traité hist., théor. et pratique*, p. 177 ; L. Poisson, *Traité théorique et pratique*, p. 400 ; *Traité de Jérôme de Moravie* (Bibliothèque impériale de Paris, n° 1817), chap. 24 et 25 ; S. Augustin, *de Musica*, lib. II, c. III ; Gerbert, *Scriptor.*, tom. I, page 182 ; et *Franconii Coll.* apud eumdem, tom. III, page 2.

(3) Const. *Ordin. Prædicat.* apud Holstenium, tom. IV, p. 129.

(4) Nous avons assimilé la grande barre à la petite. Dans certaines éditions de chant romain, la petite barre indique une simple respiration, la grande un repos tel que nous l'entendons. (*Grad. rom.* Lecoffre, intr., p. XVII.) (*Grad. rom.* Ad. Leclère, intr., p. XIV.)

introduisant les signes qui devaient le remplacer ; il faut le considérer comme nul, et n'en tenir aucun compte, si ce n'est dans les neumes, où il vaut un temps. *Vespér. de Paris*, p. cxlj et suiv.

Observation. — Quand après un psaume on reprend l'antienne sans imposition, on ne fait à la double barre qu'un repos d'*un* temps.

Les doubles barres qui se trouvent dans le cours de la première partie d'un répons indiquent simplement les endroits où l'on devra reprendre après le verset et le *Gloria Patri ;* elles n'indiquent qu'un repos d'un temps.

40. Pour qu'un repos soit bien fait, il faut :

1° Que la dernière note ne dure pas plus que sa forme ne le marque. On doit donc se défaire de l'habitude de ceux qui, « *ut imperiti solent, sonum ultimum non dimittunt nisi ipsos spiritus deficiat* (1). » Ce dernier point est essentiel pour donner au repos qui suit son véritable caractère, celui d'un silence absolu. « *Ultimam syllabam seu notam nullus teneat, sed cito dimittat* (2) ;

2° Que la note qui suit le repos soit attaquée exactement : « *Nullus ante alios incipere præsumat. Simul cantemus, simul pausemus* (3). »

41. Hors des temps des repos, le temps de respirer se prend tout entier *sur la valeur de la note précédente*, et l'on peut, à cet effet, faire cette note aussi brève qu'on veut. Mais on doit toujours respirer de telle manière, que la note suivante n'en souffre aucunement.

42. INTERVALLES. — La mesure ne suffit pas à l'ensemble ; il faut que tous, partant d'un même son donné, franchissent les mêmes *intervalles*. Sur ce point, les règles n'ont qu'à suppléer à l'absence du ♮ et du ♯ dans le texte.

---

(1) *Grad. rom.* A. Leclère, 1857, præfat., p xv.
(2) *Psalterium Cisterc.* 1751, *de Modo psallendi*, p. 21.
(3) *Continuatio præcedentis textus.*

D'un côté, le plain‑chant, ne renfermant que des gammes naturelles, doit être modulé selon l'échelle de ces gammes. Il faut donc éviter d'accidenter les notes à tort et à travers. Saint Oddon de Cluny qualifiait ainsi cet abus : « *Vitiosa et maxime lasciviens et nimium delicata harmonia, plura quam diximus semitonia quærit, et quæ nos poscimus renuit* (1). »

D'un autre côté, l'oreille demande quelquefois qu'on altère une note, quoique l'accident ne soit pas indiqué dans l'édition ; le *triton* (n° 23), qu'on appelle auss *diabolus in musica*, renferme quelque chose de dissonant qu'il faut détruire ; quelquefois aussi une finale laisse beaucoup à désirer si elle n'est précédée d'un demi-ton qui lui donne un peu la couleur de la gamme d'*ut*, que nous avons dite satisfaire seule l'oreille complétement (n° 10).

Il faut donc tenir un juste milieu, ne pas abuser du ♯ et du ♮, et ne pas les proscrire toujours.

43. Voici les règles générales :

Dans le 5ᵉ et le 6ᵉ tons, *on bécarre le* SI ♭ *placé entre deux* UT *suivis d'un repos*. Exemple :

On le bécarre aussi :

1° Quoique l'*ut* ne précède pas, aux crochets ou périélèses (2).

Exemple :  *Grad. de Paris,*
p. XI.

(1) Cité par **A.** Dufay : *Science théorique et pratique du Plain-Chant,* § 96. — Voyez aussi à ce sujet Gerbert, *Script. de Musica,* tom. 1, page 267 *et seq.*

(2) L'intonation avec crochet du *Kyrie* des solennels mineurs est vicieuse, la règle ne peut s'y appliquer. (*Grad. de Paris,* p. vij. — Les observations relatives aux crochets ne s'appliquent qu'à la liturgie de Paris.

2° Quoique le *repos* ne suive pas, dans les passages suivants : A l'*Alma :* pervia, stella, Virgo, peccatorum ; au *Sanctus* des doubles majeurs : sabaoth (*Grad. de Paris,* p. XIII) et cas semblables.

Dans le 7e et le 8e tons, on *dièse le* FA placé *entre deux* SOL *suivis d'un repos* (1). Exemple :

om- ni- po-tens

On le dièse aussi, quoique le *sol* ne précède pas, aux crochets (2), et passages analogues, toutes les fois que le *si* naturel se fait sentir.

Exemple : *Grad. de Paris.* p. 352.

Om-ni- um

Dans le 1er et le 2e tons (3), on *dièse l'*UT *placé entre deux* RÉ *suivis d'un repos.* Exemple :

Sal- ve... misericor- di- æ

Dans le 1er et le 2e tons, on *dièse le* SOL placé entre *deux* LA *suivis d'un repos,* toutes les fois que le *si* naturel vient de se faire sentir. Exemple :

O cle- mens.

(1) Le *Credo* des dimanches ordinaires est, sauf l'*Amen,* du 2e transposé en G ; on y dièse le *fa* entre deux *sol* suivis d'un repos.

(2) En user de même au 3e ton dans des cas tout semblables. (*Grad. de Paris,* p. 55, 63, etc.; *Vesp.,* p. cxl.)

(3) Cette règle multiplie un peu trop les dièses, surtout au 2e ton. Néanmoins, nous avons cru devoir nous y arrêter; car nous n'avons pas trouvé le moyen d'assigner une distinction dans les cas qu'elle embrasse. Voyez Gui d'Arrezzo, *Lettre à Théobald,* chap. 10.

2e CLASSE.

Hymnes et Proses.

Nous diviserons ces courtes règles comme les précédentes : *mesure* et *intervalles*.

44. MESURE. — La versification des paroles a introduit des mesures plus complexes que la mesure à *un* temps ; savoir, les mesures à *deux* temps, à *trois* temps et à *quatre* temps, qui se battent selon les figures suivantes :

La mesure à *deux* temps n'a que deux mouvements :

Frappez le 1er temps.

La mesure à *trois* temps s'indique par deux lignes obliques :

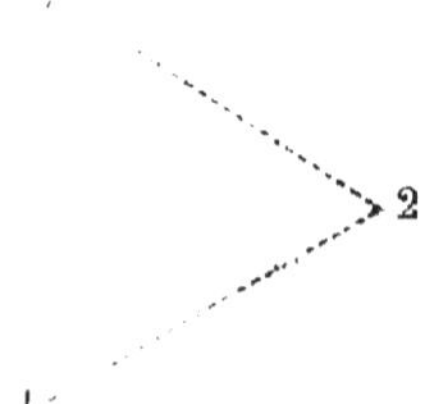

Frappez le 1er temps.

La mesure à *quatre* temps est désignée par une espèce
de Z :

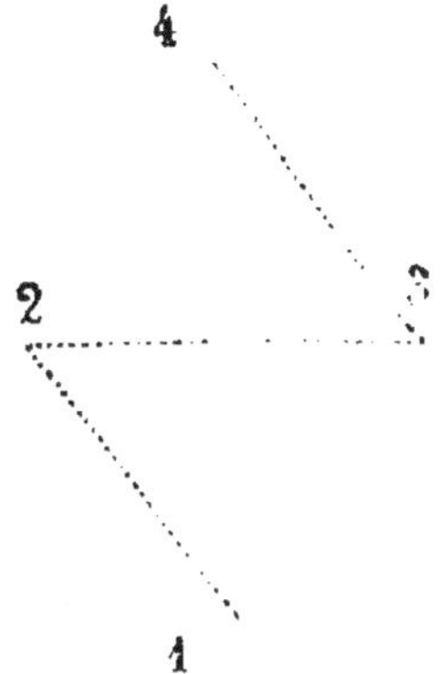

Frappez le 1er temps.

Chacun de ces temps représente une des divisions de la
mesure entière.

Quand dans un chant une brève seule alterne habituel-
lement avec une carrée, ou avec deux brèves ordinairement réunies sous la même syllabe, la mesure est à *trois*
temps, et chacun de ces temps est représenté par une brève.

Si le chant mesuré renferme dans chaque mesure une
carrée et deux brèves, ou quatre brèves, ou même,
quoique rarement et d'une manière accidentelle, deux
carrées, la mesure est à deux ou à quatre temps ; si on
bat la mesure à deux temps, la carrée représentera la
valeur d'un temps ; si c'est la mesure à quatre temps, la
brève correspondra à chacun d'eux.

Le point, dans le chant mesuré, augmente la note
après laquelle il est placé, de la moitié de sa valeur. S'il
est placé après une brève, il l'augmente, d'après la règle,
de la moitié de sa valeur, mais diminue aussi de moitié la
brève suivante :

Mesure
à 3 temps.

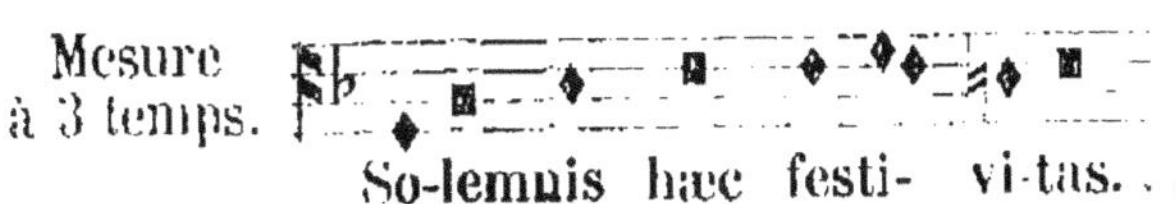

Mesure à 4 ou à 2 temps.

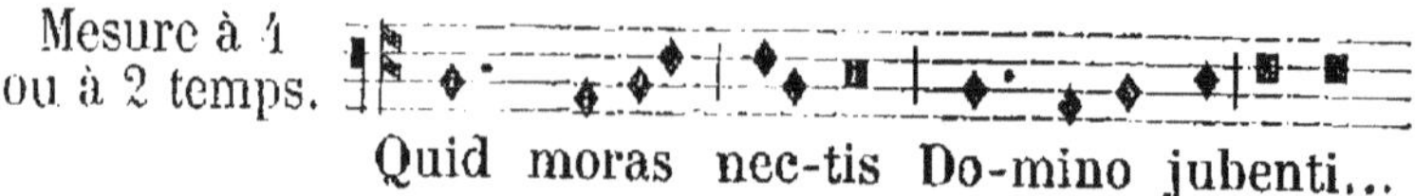

Si la mesure est à un temps, chaque vers (1) est suivi d'un repos d'un temps (2).

Si la mesure est à *plusieurs* temps, on ne fait que les repos nécessaires pour que la mesure marche régulièrement d'un bout à l'autre du morceau.

45. INTERVALLES. — Comme dans les *morceaux ordinaires*, le ♮ et le ♯ manquent quelquefois dans les livres de chant, on suit sur ce point les règles données ci-dessus (n° 43) pour les morceaux ordinaires, à cela près que ces mots : *suivis d'un repos*, doivent être remplacés par ceux-ci : *à la fin d'un vers*.

Outre cela, on dièse le *fa*, quoique le *sol* ne précède pas, à la prose du Saint-Sacrement, toutes les fois que le *fa* se trouve à la fin du vers, précédant le *sol* : novitas, interitus, sacramento, angelorum, et dans quelques autres cas semblables.

3ᵉ CLASSE.

Lectures chantées.

46. PRINCIPES. — Pour une bonne lecture solennelle (martyrologe), ou chantée (épîtres, évangiles...), il ne suffit pas que toutes les syllabes soient prononcées exactement et d'une manière nette et distincte. Le discours, en effet, ne consiste pas dans une série de syllabes, mais

---

(1) La prose de Pâques n'étant pas en vers, on y fait les repos comme dans les morceaux ordinaires.

(2) Quand le vers est coupé par une césure, on fait quelquefois à cette césure un repos d'un temps : la barre l'indique. (*Vesp. de Paris*, p. 460).

bien dans une réunion de *mots* significatifs. Il faut donc que chaque mot ressorte comme mot; et si ce mot a plusieurs syllabes, il doit y en avoir une autour de laquelle les autres se groupent, et qui, étant prononcée d'une manière spéciale, fasse ressortir le mot qu'elle semble résumer. Cette syllabe principale se nomme *tonique* ou *accentuée* (1); elle s'indique par un accent aigu : *atérnus*.

La syllabe accentuée est :

1° L'*antépénultième* dans les mots de plus de deux syllabes qui ont la pénultième brève, quelle que soit la valeur prosodique de cette syllabe antépénultième;

2° La *pénultième* dans les autres polysyllabes;

3° La plupart des monosyllabes entrent dans la catégorie des proclitiques et des enclitiques dont nous allons parler; les autres portent l'accent.

Exemple : *Dóminus Déus est.*

47. Souvent un mot se rapporte à ce qui *suit*, comme l'*accessoire au principal*. Ces mots n'ont pas d'accent, et sont censés les premières syllabes du mot suivant, sans toutefois modifier en rien l'accentuation de celui-ci; ils se nomment *proclitiques* (προ, κλίνω, se pencher, s'appuyer en avant).

Les *monosyllabes seuls* peuvent être proclitiques.

48. Quand un *monosyllabe* est lié par le sens à ce qui *précède*, il arrive qu'on en use dans la prononciation comme si ce monosyllabe était la dernière syllabe du mot précédent; il peut changer l'accentuation du premier et perd son accent propre.

Ces monosyllabes s'appellent *enclitiques* (ἐν, κλίνω, s'incliner, se reposer sur). Dans ce cas, la syllabe accentuée se trouve *toujours* sur la *pénultième* du polysyllabe,

---

(1) Les anciens avaient parfaitement compris l'importance de cette syllabe accentuée. Comme détails curieux, voyez *Bernard. Aug.*, apud Gerbert, *Script. de Musica*, tom. II, p. 77.

quelle que soit sa quantité : *génui* devient *genúi te;* *invocavérimus* devient *invocaverimus te; libera* devient *libéra nos,* etc. (1).

Mais n'oublions pas qu'il faut que le monosyllabe appartienne, comme sens, entièrement à ce qui précède. Ainsi, on ne dira pas : *argentum et | aurum, Patri et | Filio;* mais *argentum | et aurum, Patri | et Filio...*

49. Un mot peut avoir sous sa dépendance un ou plusieurs proclitiques et un seul enclitique : *et-cum-spíritu; et-ætérnus-est.*

50. APPLICATIONS. — Les syllabes qui sont avant la syllabe accentuée sont *censées* toutes brèves et toutes prononcées avec une rapidité et une intensité égales. On appuie sur la syllabe accentuée ou tonique.

Les syllabes qui suivent la tonique se prononcent très-faiblement et très-rapidement. Quand deux syllabes suivent la tonique, la pénultième doit être à peine sentie. La figure suivante renferme ces règles.

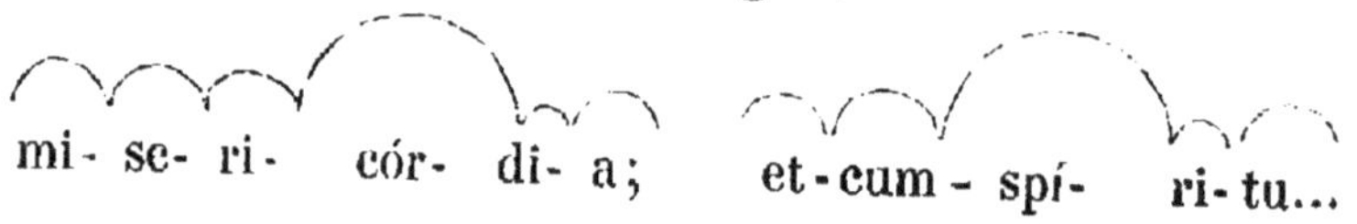

4e CLASSE.

Psalmodie.

Divisons ce travail en deux parties.
I. Valeur des syllabes.
II. Corps des règles de la psalmodie.

---

(1) Cette règle est controversée. Quelques auteurs ne veulent pas que l'enclitique change de place l'accent du mot qui précède. (Voyez, par exemple, A. de la Fage, *Cours complet de Plain-Chant,* n° 290 et 397). Notre système a pourtant plus d'auteurs en sa faveur, et, comme nous le verrons dans la suite, semble plus rationnel.

I.

51. Les syllabes se rangent en deux classes, les *fortes* et les *faibles*.

Les *fortes* ont une valeur temporaire, propre et indépendante.

Les *faibles* empruntent leur durée à la syllabe précédente, et s'appuient sur la syllabe suivante (1).

Nous indiquerons les fortes du signe - et les faibles du signe ⌣.

52. La *première* syllabe d'un mot, n'ayant pas de précédente à qui elle puisse emprunter sa durée, est toujours *forte*. Les *suivantes* sont *fortes* quand elles sont *longues* prosodiquement, ou *suivies d'un nombre impair de brèves*.

La *dernière*, n'ayant pas de suivante sur qui elle puisse s'appuyer, est toujours *forte*.

Il n'y a donc jamais deux brèves de suite (2).

tēstāmĕntūm devient *tēstămĕntūm*

bénédĭcētŭr id. *bĕnĕdĭcētŭr*

mŭliéribŭs id. *mūliéribŭs*

53. Si un monosyllabe *enclitique* suit un polysyllabe (nᵒ 48), la dernière syllabe du polysyllabe devient *faible*, et la reconstruction se fait d'après la règle générale.

invŏcāvĕrĭmŭs devient *invŏcăvĕrĭmŭs te*

gēnŭī id. *gēnŭī te* (3).

(1) Nous ne parlons pas de la syllabe *accentuée* : elle ne dure dans la psalmodie pas plus qu'une *forte*; on peut la distinguer des autres fortes par un renforcement de la voix.

(2) Quelques auteurs ne veulent pas d'autre quantité que celle de la simple lecture. La plupart du temps, ils font des distinctions qui rendent leurs règles semblables aux nôtres. Voir, par exemple, *Principes de Psalmodie à l'usage du diocèse de Nantes*, § 1.

(3) Comme nous l'avons dit plus haut (nᵒ 48), cette règle n'est pas à l'abri de toute controverse. On accorde assez généralement que la

54. Pour l'application, toutes les *fortes* ont la même durée.

La syllabe *faible* emprunte sa durée à la forte précédente, en sorte que les deux ensemble ne durent pas plus qu'une forte ordinaire. On doit réformer en ce sens la valeur de la caudée et de la losange, quand elles sont employées en psalmodie, les deux ne formant qu'un seul temps.

55. Au milieu et à la fin de chaque verset on fait un repos de deux temps. Dans le cours des phrases, on fait, *selon le sens*, et non selon le besoin de respirer, des repos d'un temps.

II.

56. Un *psaume* se compose de *versets*. Chaque verset se compose de deux parties séparées par l'astérisque *, que l'on nomme les deux *hémistiches*. Dans le chant, l'hémistiche comprend deux parties, qui sont : la *teneur* et la *terminaison* (1); en outre, la teneur du 1er hémistiche du 1er verset du psaume est précédée de l'*intonation*.

Donc, trois choses à étudier : l'*intonation*, la *teneur* et la *terminaison*.

57. INTONATION. — L'*intonation* est l'ensemble des trois notes qui précèdent la teneur au premier hémistiche du premier verset du psaume.

De ces trois notes, ou bien la deuxième et la troisième

---

dernière syllabe du polysyllabe devient brève, mais sans rien changer à la quantité des autres syllabes : *génúi te, invocavérimús te*. Nous verrons plus tard que cette règle offre des difficultés. Voyez *Traité de Psalmodie*, par C. Manlin, au sujet des enclitiques.

(1) La terminaison du 1er hémistiche se nomme aussi *médiation*. Nous confondrons ces deux mots.

sont liées entre elles, et alors réunies sur la même syllabe, ou bien les trois notes sont séparées, ci :

1° Si la 2e et la 3e notes sont unies, la 1re syllabe se mettra sous la 1re note, et la 2e syllabe, *si elle est forte*, se placera sous cette note *double*.

Si la 2e syllabe est faible, la note double se reporte sur la 3e syllabe; et la syllabe faible qui se trouve ainsi *exclue*, emprunte sa durée à la 1re note, et son degré à la 2e (n° 51).

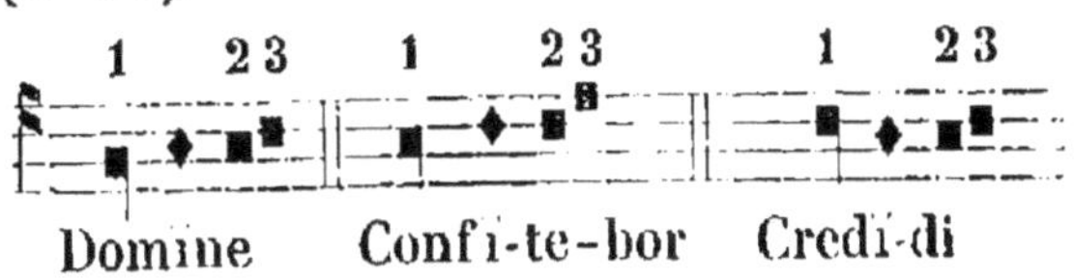

2° Si les trois notes sont séparées, elles portent sur les trois premières syllabes de l'hémistiche, quelle que soit leur quantité.

Ces cas se rencontrent dans le 2e en D, le 5e et le 8e : *Non ligat octavus, nec quintus, necque secundus.* Nous n'avons point parlé du 1er en A. Par une anomalie bizarre, le chant du 1er verset diffère de celui des autres. Il ne présente aucune difficulté.

58. Teneur. — La *teneur* est la note sur laquelle se chantent toutes les syllabes de chaque hémistiche, sauf les dernières, qui sont réservées pour la terminaison. On

suit dans l'exécution de la teneur les règles de la lecture chantée (nᵒ 46 et suiv.), ou de la psalmodie proprement dite (nᵒ 52 et suiv.), selon que le chant a une marche simple ou solennelle.

59. TERMINAISON. — La *terminaison* consiste dans une petite série de notes qui viennent rompre la monotonie de la teneur et *terminer* l'hémistiche. Elle n'admet pas de repos dans son cours.

Dans la terminaison, il n'y a le plus souvent qu'une note par syllabe ; quelquefois il y en a deux, et même davantage (1ᵉʳ en J) sur la même syllabe. Les notes ainsi groupées ne compteront que pour une ; et nous appellerons *note simple* celle qui est seule sur une syllabe, et *note multiple* l'ensemble des notes groupées sur la même syllabe.

Les notes simples ou multiples de la terminaison sont en nombre limité ; nous les désignerons par leur numéro d'ordre à partir de la note finale *en reculant*.

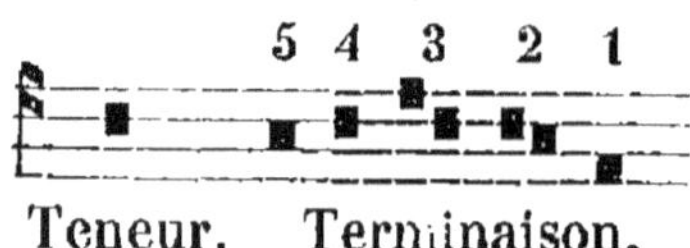

60. Les notes qui composent la terminaison sont de deux sortes : les *privilégiées* et les *ordinaires*.

Les *privilégiées* ne peuvent avoir sous elles qu'une *syllabe forte* ; elles excluent les syllabes faibles et la dernière syllabe d'un mot, mais peuvent avoir sous elles un monosyllabe.

Les *ordinaires* peuvent se trouver sur toutes sortes de syllabes.

Les notes privilégiées sont :

La 2ᵉ toujours ;

La 4ᵉ quand elle est la plus haute de l'hémistiche.

Arrive maintenant le problème de *concilier les diverses combinaisons de syllabes avec les exigences des notes qui composent la mélodie.*

Pour procéder avec ordre, divisons en deux articles :

A. *Terminaisons à notes simples ;*

B. *Terminaisons à notes multiples.*

61. A. *Notes simples.* — Les terminaisons à notes simples sont réparties en deux séries, suivant qu'elles ont *une* ou *deux* notes privilégiées, c'est-à-dire suivant que la 2e note est seule privilégiée, ou qu'elle partage cette qualité avec la 4e.

62. 1re Série. *La 2e note seule est privilégiée.* — La 2e note est la plus importante de la terminaison ; elle dure deux temps.

Son application au texte présente trois cas, suivant que l'avant-dernière syllabe est forte, faible, ou bien que l'hémistiche se termine par un monosyllabe.

1o Si l'avant-dernière syllabe est *forte*, pas de difficulté : la 2e note la porte, et la dernière syllabe se met sous la 1re note.

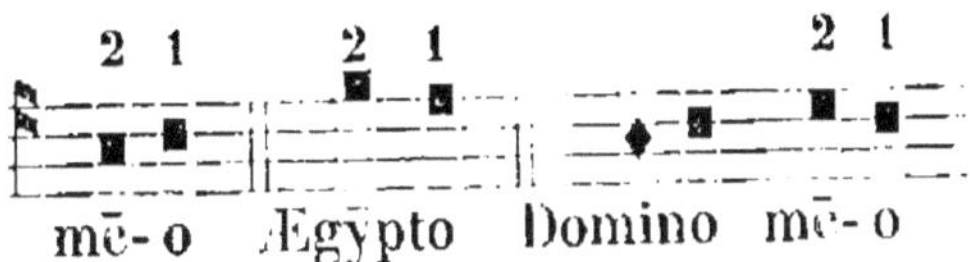

2o Si l'avant-dernière syllabe est *faible*, alors on enjambe sur la syllabe précédente, qui portera la 2e note ; et la pénultième *exclue* emprunte sa durée à la note précédente, et son degré à la note suivante.

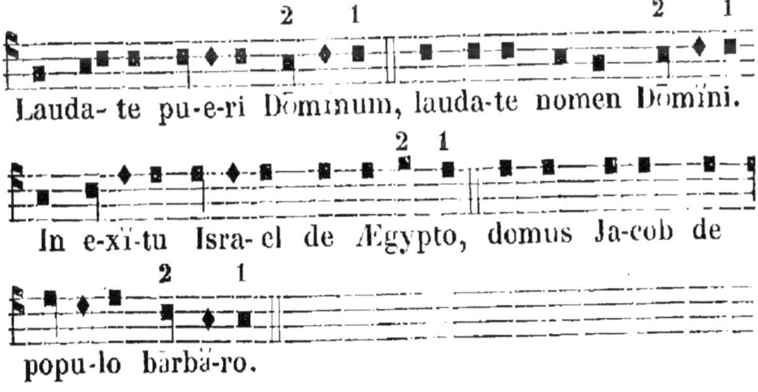

3° Si l'hémistiche se termine par un monosyllabe, ou bien le mot qui précède ce monosyllabe est un *polysyllabe* ou un *monosyllabe* (1). Dans la première hypothèse, la dernière syllabe du polysyllabe devient brève, et on retombe dans le cas précédent. Dans la deuxième hypothèse, chaque monosyllabe prend une note, et on retombe dans le premier cas.

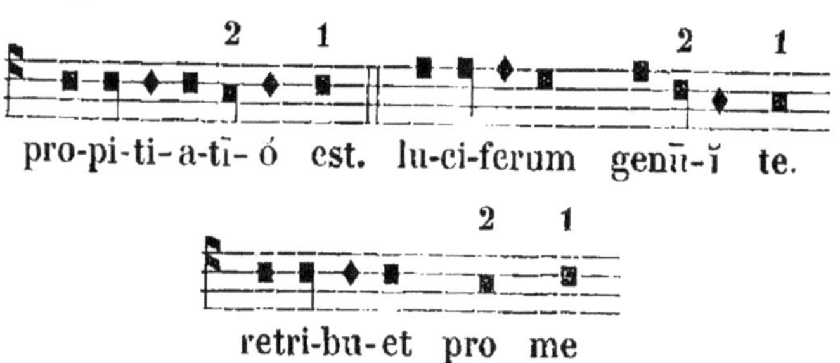

Nota. — Lorsque la 2ᵉ note est la plus élevée du premier hémistiche (2ᵉ en D, 4ᵉ, 5ᵉ, 8ᵉ), et qu'un *monosyllabe* ou un *mot hébreu indéclinable* le termine, on supprime la 1ʳᵉ note, et le monosyllabe ou la dernière syllabe du mot en question se place sur la 2ᵉ note.

Observons que les règles que nous venons de donner sur la 2ᵉ privilégiée s'appliquent à toutes les terminaisons possibles, soit que la 2ᵉ soit seule privilégiée, soit qu'elle partage cette qualité avec la 4ᵉ.

63. 2ᵉ Série. *La 2ᵉ et la 4ᵉ notes sont privilégiées.* — L'importance de la 4ᵉ privilégiée n'autorise pas à en accroître la durée ; elle ne vaut qu'un seul temps. Son application au texte n'est pas sans difficulté ; mais ce que

____

(1) Voyez M. Petit, *Dissertation sur la Psalmodie,* ch. v, p. 100 à 217.

nous avons vu de la 2ᵉ note réduira de beaucoup le travail.

Il faut distinguer ici trois cas, suivant que le mot auquel appartient la syllabe qui porte la 2ᵉ note a avant cette syllabe 0, 1, 2 syllabes ou davantage, comme dans l'exemple suivant :

2   2   2

solus æternus adorandus

64. **1ᵉʳ Cas.** — Sólus (1). — Dans ce cas, les syllabes qui doivent recevoir la 3ᵉ et la 4ᵉ notes sont dans les mêmes conditions que celles qui se rencontrent sous la 1ʳᵉ et la 2ᵉ (n° 62), avec cette différence, que la syllabe exclue emprunte à la note précédente sa *durée et son degré*, ce qui est logique.

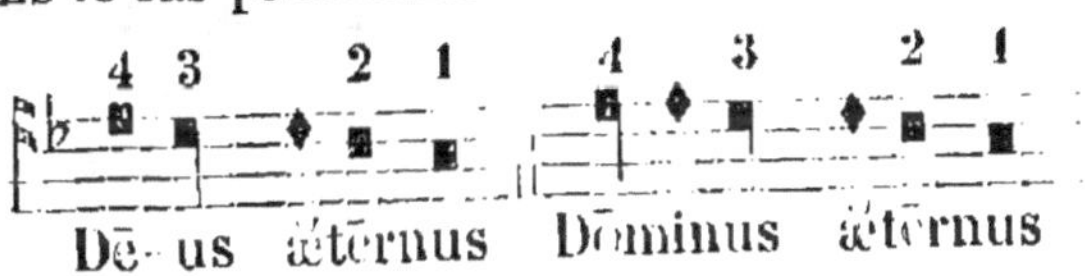

65. **2ᵉ Cas.** — Ætérnus. — Deux sous-cas se présentent :

66. **1ᵉʳ Sous-Cas.** — Le mot précédent est *polysyllabe* ; alors la 1ʳᵉ syllabe du dernier mot devient *faible*, et prend *sa durée et son degré* sur la 3ᵉ note ; on tombe pour le reste dans le cas précédent.

(1) Nous supposons que ce mot n'est précédé d'aucun proclitique ; autrement, celui-ci, faisant partie du mot suivant, lui fournit une syllabe de plus : *in-sæculum, et-Filio*, et l'on retombe dans le cas suivant.

(2) Si l'on n'admettait pas notre règle n° 53 sur les enclitiques, il serait bien difficile de chanter ce dernier exemple, à moins d'avoir 3 syllabes sous une même note, ce qui va contre la grande règle des anciens : *Non tres in unâ.*

De même si la syllabe qui porte la 2ᵉ privilégiée était précédée d'un proclitique :

En d'autres termes, la note privilégiée exclut la dernière syllabe d'un mot (nᵒ 60); on ne peut donc pas dire :

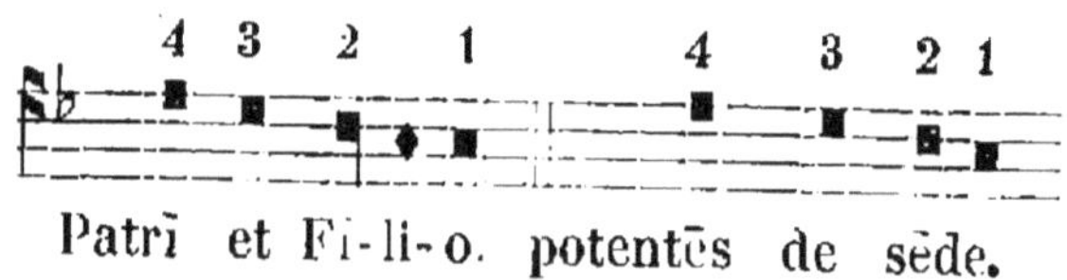

Force est donc d'accepter une de ces deux solutions :

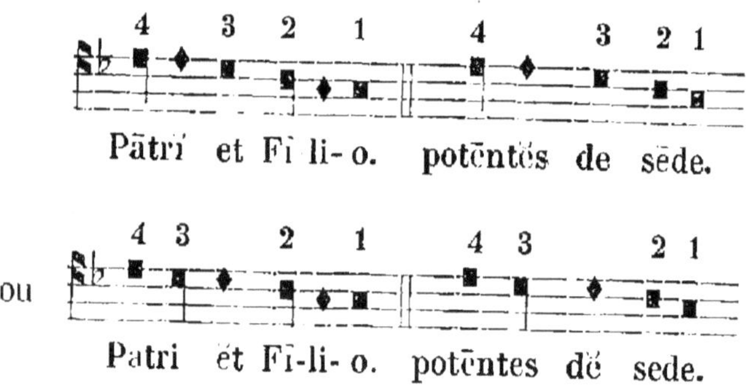

Dans les deux solutions, nous rendons *faible* une syllabe *forte* de sa nature : *Patrĭ*, *potentĕs* pour la première; *ĕt* et *dĕ* pour la deuxième. Ce changement fait dépendre, dans le 1ᵉʳ cas, *et* de *Patri*, *de* de *potentes*, comme on dirait *potĕns est,* en faisant dépendre *est* de *potens.* Or, ceci est vicieux; car, d'après le sens, *et* dépend de *Filio,* et *de* de *sede.* Dans le 2ᵉ cas, ce vice disparaît : *et* et *de,* étant faibles, tombent sur *Filio* et sur *sede*, et ainsi le sens est respecté. Cette solution est la seule acceptable. Il faut donc dire :

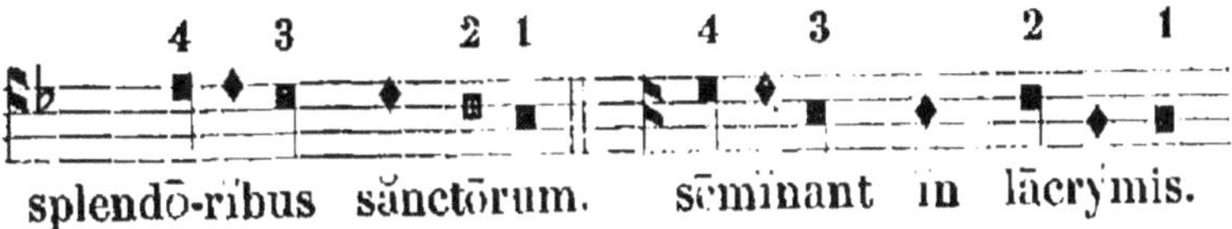

et non pas :

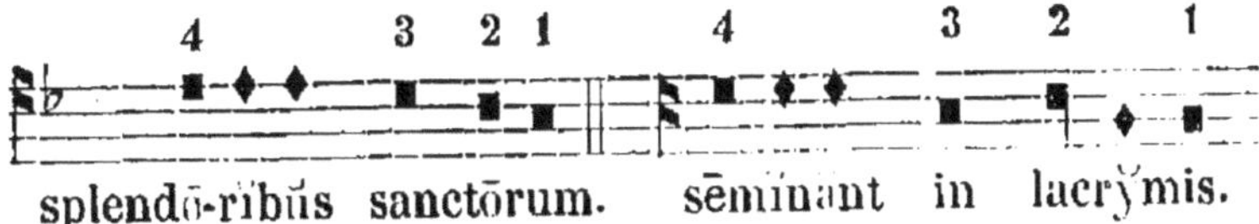

Outre que ce serait contre les règles données, cela pécherait contre l'adage admis universellement : *Non tres in unâ ;* car dans ces exemples la 4ᵉ note supporte trois syllabes.

67. 2ᵉ *Sous-Cas.* — Le mot précédent est *monosyl-labe ;* alors il porte la 4ᵉ privilégiée, et la syllabe suivante porte la 3ᵉ note.

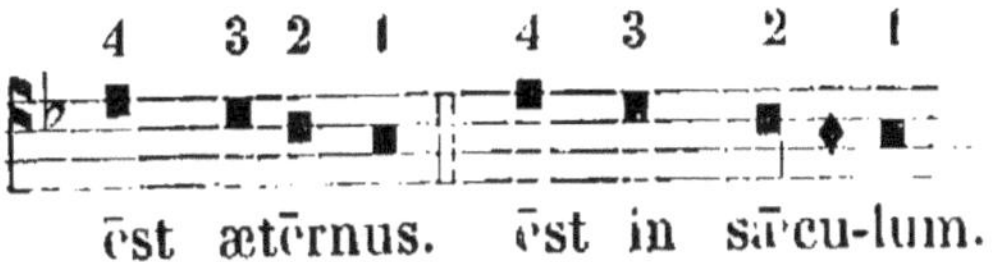

68. 3ᵉ *Cas.* — Adorăndus. — Dans ce cas, la 4ᵉ note privilégiée se place sur la *forte* qu'elle rencontre.

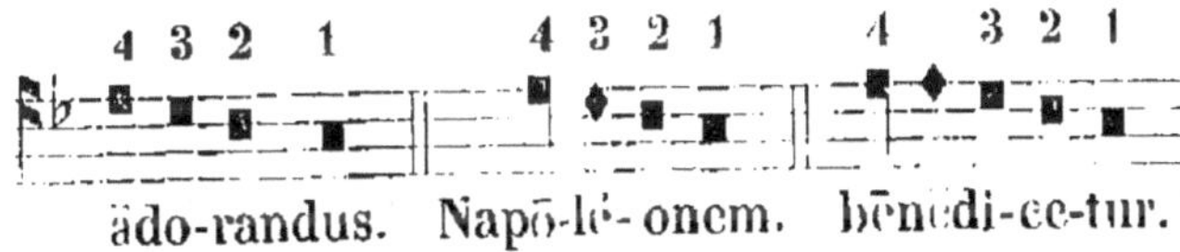

69. On voit par l'exemple *Napŏléonem* que la 3ᵉ note est commune et peut parfaitement devenir *faible ;* de même pour la 5ᵉ et au delà.

70. B. *Notes multiples.* — En parlant de l'intonation (nᵒ 57), nous avons déjà dit que la *note multiple,* c'est-à-dire l'ensemble des notes groupées sur la même

syllabe, excluait toute syllabe *faible*. Le principe est le même pour les notes multiples de la terminaison. Il ne faudrait pas dire :

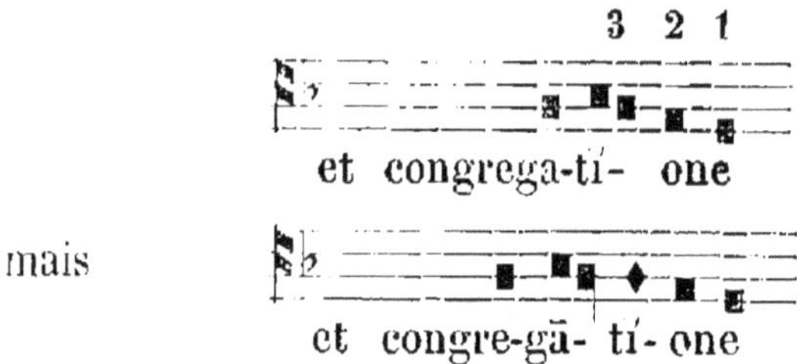

mais

C'est là une faute qui se fait presque partout. On a cherché, en donnant des règles, à justifier cet abus ; ainsi on a dit : que dans la terminaison toutes les syllabes qui précédaient la syllabe accentuée étaient *fortes ;* que dans la terminaison la note multiple pouvait porter toute espèce de syllabes, etc , etc. Malgré cela, nous croyons devoir maintenir le principe ; car il est dans la nature des choses qu'une syllabe *faible* ne peut supporter deux notes !

71. Quand la multiplicité des notes règne sur la dernière syllabe de l'hémistiche, c'est l'avant-dernière note que l'on fait durer deux temps, et la 2ᵉ privilégiée, contre la règle générale (nᵒ 62), ne dure qu'un seul temps.

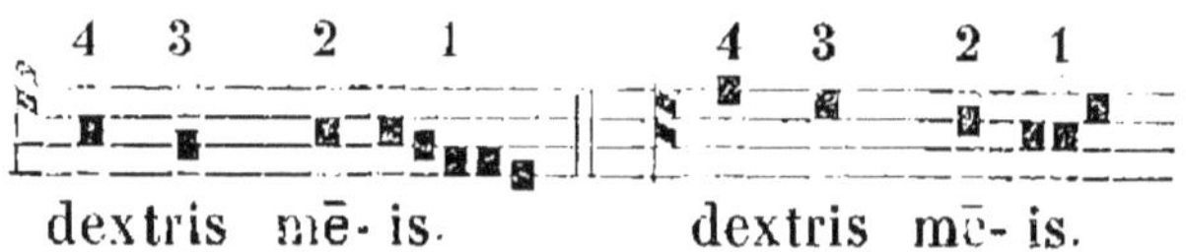

Voici quelques exemples qui résument toutes ces règles :

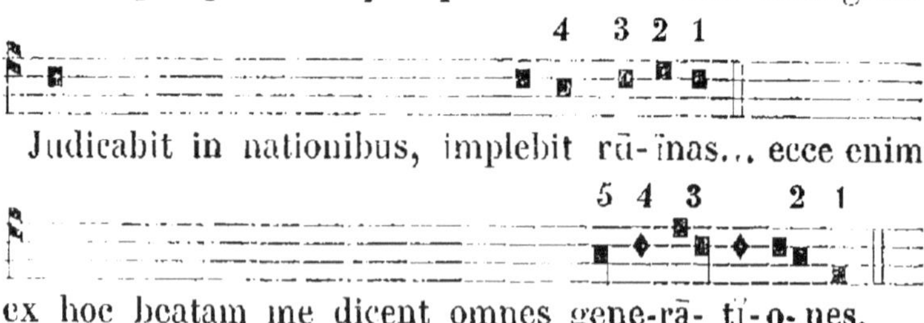

72. Les mélodies psalmodiques supposent que chaque hémistiche du texte contient un certain nombre de syllabes. Or, ce nombre ne se rencontre pas toujours ; que faire donc quand on a un *hémistiche insuffisant ?* Examinons le cas pour le 1er hémistiche du 1er verset et pour les autres hémistiches.

73. Le 1er hémistiche du 1er verset doit présenter le nombre de syllabes requis pour l'*introduction* et la *terminaison ;* la *teneur* étant assez représentée par la 3e note de l'introduction. Si ce nombre manque, on supprime la terminaison.

Dans quelques éditions de plain-chant, l'intonation de *Magnificat* présente à cette règle diverses exceptions qui ne nous semblent guère fondées ; on peut pourtant les suivre.

74. Les hémistiches autres que le 1er sont insuffisants quand ils ne fournissent pas le nombre de syllabes requis pour la *terminaison*, plus une syllabe pour la teneur. Dans le cas d'insuffisance, parmi les différentes solutions, voici la plus suivie, sinon la plus logique. On supprime les notes auxquelles l'hémistiche ne peut satisfaire, d'abord la note de la teneur, puis la 5e, et au besoin la 4e de la terminaison.

Au 6e ton en C du chant de Paris, on étend cette solution au 1er hémistiche du 1er verset.

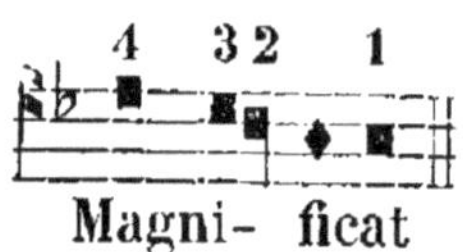

Ce n'est pas fondé, d'autant plus que la liaison de la 2e et de la 3e notes est contraire au texte, où les 4 notes sont simples.

75. On a réservé au *Benedictus*, *Magnificat* et *Nunc dimittis* quelques mélodies plus solennelles, que l'on désigne sous le nom de *tons évangéliques*.

Les tons évangéliques ne sont que les mélodies ordinaires dont la terminaison du 1er hémistiche, et quelquefois l'introduction, ont été plus ou moins surchargées de notes ; le 2e hémistiche n'a subi aucune modification.

La terminaison du 1er hémistiche contient toujours (2e en D, 4e en E, 6e en F et 8e) plusieurs notes multiples. Toutes les fois que la 4e est multiple, elle est privilégiée, quand même elle n'est pas la plus élevée; les autres notes retombent dans le cas des notes multiples ordinaires (nos 70, 71).

Les notes multiples de l'intonation suivent les mêmes règles que nous avons données plus haut pour l'intonation ordinaire (n° 57).

Voilà en résumé les principes qui régissent le plain-chant; nous n'avons voulu faire qu'un *résumé tout élémentaire;* si l'on veut approfondir davantage cette étude, on pourra recourir aux ouvrages cités dans le courant de cette méthode; nous recommandons plus particulièrement :

Dissertation sur la Psalmodie, par M. Petit;

Esthétique théorique et pratique du Chant grégorien, par le R. P. Lambillotte;

La Science du Plain-Chant, par Jumilhac.

IN TE, DOMINE, CANTATIO MEA SEMPER.

(144) Dijon. Typ. Peutet-Pommey.